Johann Radefeld

Über den spezifischen Unterschied des Christianismus vom Naturalismus,

zur Beurteilung einer Neuerung, welche mit dem Christennamen im Werke ist

Johann Radefeld

Über den spezifischen Unterschied des Christianismus vom Naturalismus,
zur Beurteilung einer Neuerung, welche mit dem Christennamen im Werke ist

ISBN/EAN: 9783743437654

Hergestellt in Europa, USA, Kanada, Australien, Japan

Cover: Foto ©ninafisch / pixelio.de

Weitere Bücher finden Sie auf **www.hansebooks.com**

Ueber
den specifischen Unterschied
des
Christianismus vom Naturalismus,

zur Beurtheilung einer Neuerung,
welche mit dem Christennamen im Werke ist,

von

Johann Carl Siegfried Radefeld,

Garnisonprediger zu Harburg.

Abgedruckt aus dem Magazin für Religionsphilosophie, Exegese und Kirchengeschichte.

Helmstädt,
bey C. G. Fleckeisen. 1794.

Ueber den specifischen Unterschied des Christianismus vom Naturalismus, zur Beurtheilung einer Neuerung, welche mit dem Christennamen im Werke ist;

von Joh. Carl Siegfried Rabefeld, Garnisonprediger zu Harburg.

Die Bemühungen, welche man seit einiger Zeit angewandt hat, und noch anwendet, um der natürlichen, einer von aller Welt= und Menschengeschichte unabhängigen Religionsphilosophie die Alleinherrschaft zuzueignen, nehmen in unsern, den jetztlaufenden Tagen eine etwas sonderbare, eine Vielen ganz unerwartet gewesene Wendung. Schon viele Mühe hat man sich gegeben, aus Jesu einen naturalistischen Religionslehrer zu machen, und ihn an die Spitze dieser Philosophen zu stellen; man rechnet sich dieses an zu einem großen Verdienste um die Welt, und um seine, des Chriſtenthumsſtifters, eigene Ehre. Ein zweyter Schritt iſt geſchehen. Aus den Schülern des Naturalismus ſollen, da ſie zu der natürlichen Religion nichts Neues zulernen, Schüler Jeſu gemacht werden; den Selbſtdenkern, die nicht etwa nur über das Chriſtenthum phiIoſophiren, denen die Philoſophie ihre einzige Belehrungsquelle iſt, will man das Recht, ſich Chriſten zu nennen, die Ehre zuſichern, daß ſie im alleredelſten Sinne des Worts Chriſten ſeyn. Das dritte bleibt zu thun noch übrig, und auch hierzu iſt der Anfang bereits da: den Gebrauch der Vernunft beym Religionsglauben für natürliche Religionsphiloſophie, die Produkte des Chriſtenthums für Produkte der Vernunftreligion, die chriſtlichen Moralitätsprincipien für ein Zubehör des Vernunftglaubens zu erklären. Damit wäre dann, wenn die Arbeit geſchehen iſt, Chriſtus in einen Naturaliſten, der Naturaliſt in einen Chriſten, das Chriſtenthum ſelbſt, ſo weit es gelten ſoll, in Naturalismus verwandelt. Und --- was wäre dann damit gewonnen? Der Naturalismus hätte, ſo wenigſtens kommt mir es vor, um das Chriſtenthum zu verdrängen, ſich ſelbſt vernichtet. Um die chriſtlichen Moralitätsprincipien, deren der Menſch nicht entbehren mag, noch entbehren kann, zu retten, mußte man, ungeachtet ſie nirgends, als in der Thatſache der Sendung und Lebensgeſchichte Jeſu, eine vernunftmäßige Haltung finden, eine Philoſophie einführen, welche, ohne eine Grundlage haltbarer Vernunftprincipien zu haben, an den Wünſchen des

menſch=

menschlichen Herzens, die es bey seinen Bedürfnissen thun muß, sich fest hält, um eine prekäre Existenz sich zu verschaffen. Theuer, theuer genug kommt dem Naturalisten der scheinbare Sieg zu stehen, den er sich erringt. Irre ich nicht, so erkauft er ihn mit Verlust seiner philosophischen Existenz.

Mein Vorsatz ist es nicht, mich bey diesen Bewegungen aufzuhalten, welche jetzt in der christl. Kirche sind, und von denen ich mir für die christliche Religion einen glänzenden Sieg über ihre Feinde verspreche. Nur auf eine Neuerung, welche jetzt mit dem Gebrauche des Christennamens versucht wird, wünschte ich die verstärkte Aufmerksamkeit des christlichen Publikums zu lenken. Der Vorschlag hierüber ist mit vieler Unbefangenheit geschehen in einer Schrift, welche unter der Aufschrift: Von dem Wesentlichen der Religion und dem Unterscheidenden des Christenthums, in das zweyte Stück des Magazins über Religionsphilosophie, Exegese und Kirchengeschichte eingerückt und zugleich besonders abgedruckt ist.

Ich freue mich, hierüber einen Mann sprechen zu hören, den, seiner Sprache nach zu urtheilen, Gerechtigkeits- und Bruderliebe, Achtung für die Rechte der Vernunft, und Eifer für praktische Religionsübung beleben. Um so mehr ist es von ihm selbst, wie er denn seinen Aufsatz nur für einen Versuch ausgiebt, zu erwarten, daß er es nicht ungern sieht, wenn ein anderer, der sich eben so redlicher guter Absichten bewußt, aber der Meinung ist, daß die Durchsetzung eines solchen Vorschlags eben so ungerecht, als schädlich, der Vernunft zuwider, und der Tugendausbreitung nachtheilig seyn würde, ihm widerspricht. Was suchen wir beyde? Wahrheit, Ueberzeugung, was zu thun Gewissenspflicht sey. Leser, die die eine Parthey gehört haben, werden vermuthlich auch dawider nichts haben, wenn die Gegenparthey das Wort nimmt. So sey es denn! Ein unpartheyisches Gehör und Gericht ist alles, was ich mir erbitte. Es aber nicht zu verfehlen, scheint eine kurze Einleitung nicht überflüßig.

Verlohnt es sich auch der Mühe, daß man um Namen, um Wörter viel streite? Ich lasse es gelten, daß es Fälle giebt, in welchen es Klugheit und Pflicht ist, denen, die über so etwas eifern, nachzugeben; und man zeigt dabey eine Gedankengeschmeidigkeit, welche nicht nur dem Herzen, sondern auch dem Kopfe des Mannes, der auf das leichteste die jedem beliebigen Begriffe mit allen Worten verknüpfen kann, nicht wenig Ehre bringt. Nur dünkt mir, muß jener Regel: über Namen ist nicht zu streiten, eine andere Regel höhern Rangs, welche also lautet: über Namen hat man sich zu vergleichen, hierauf soll man sie contractmäßig brauchen, und denen, welche den Contract brechen, nicht beyspringen, an die Seite gesetzt werden. Letzteres, der Beysprung, ist dann am allermeisten verboten, wenn diejenigen, die den Vergleich nicht halten, dabey eine

böse

haßt, das Schlechte beliebt und angenehm zu machen. In der Gelehrtenrepublik sind solche Operationen von großer Erheblichkeit. Was Münzoperationen sind für den Reichen, das sind Sprachumwandelungen für den Gelehrten.

Nun bitte ich zu überlegen, daß der Name eines Christen in der Sprache der Gottesgelehrten seinen längst bestimmten Werth hat. Er bezeichnet einen Menschen, welcher der von Jesu in die Welt eingeführten Religionsweise zugethan ist: einen Menschen, welcher in die christliche Kirche unter die Zahl derer, welche die Lehre Jesu erlernen und ausüben sollen, aufgenommen ist; der von der gedachten Lehre, daß sie ohne Widerrede wahr sey, urtheilt; dieses bekennt; ihr gemäß zu leben sich befleißigt. Hiernach unterscheidet man die Kirchenchristen, die Bekenntnißchristen, die Verstandeschristen, die Herzenschristen.

Was beym Klange des Schalles, der ursprünglich an eine lebenswichtige hohe Verpflichtung, demnächst an das Geschenk empfangener edlen Seelengüter erinnert, für Empfindungen des Pflichtgefühls, der Dankbarkeit und Selbstachtung im Herzen tönen; und ob in dieser Hinsicht die Bewahrung der alten Lauterkeit des Gedankengehalts uns etwas gleichgültiges seyn könne: das muß nun freylich dem Selbstgefühle eines jeden überlassen bleiben. Ich schränke mich ein auf dasjenige, was die Vernunft uns gebietet. Ihr erstes Gebot ist: so lange der angegebene Namenbegriff in seiner Gültigkeit besteht, dürfen

dürfen wir uns mit niemanden in eine Convention einlassen, ihm den Namen zu geben, wenn der Begriff nicht auf ihn paßt. Denn das wäre wider die Denkgesetze, deren der menschliche Verstand sich nicht begeben kann. Eben diese Vorschrift, die uns im Urtheilen bindet, verbeut auch dem Religionslehrer alle Nachgiebigkeit beym Religionsvortrage, weil er bey diesem Geschäfte an die Wahrheitsgesetze streng gebunden ist. Zwar für das Gespräch im gemeinen Leben lassen sich allerley conventionelle Regeln des Wohlstandes und der Schonung verabreden; wowider niemand, wenn nur das Pflichtgebot der Aufrichtigkeit nicht verletzt wird, etwas einzuwenden haben wird. Allerdings ist es eine bedenkliche Sache, je einem Bruder unter uns das Prädicat des Christenthums in irgend einem zuvor angedeuteten Sinne ohne Schonung abzusprechen, oder einem Lehrer, der ein christlicher Lehrer heißen will, diese Ehre mit nachsichtslosem Eifer streitig zu machen; denn diese Benennungen sind unter uns sehr gute Namen, und manchem selbst zur Beybehaltung seiner bürgerlichen Ehre und Glückslage unentbehrlich. Was in diesem Betrachte zu thun und zu lassen sey, um die Mitte zwischen der Verleumdung und Freymüthigkeit zu halten, das ist bekannt genug; und einen rechtschaffnen Mann braucht man nicht daran zu erinnern. Ist denn aber wohl davon die Rede, wenn nicht namentlich von Personen, sondern von einer Classe Menschen, die so oder anders in Religionssachen urtheilen und gesinnt sind, ob sie Christen zu heißen verdienen,

dienen, gefragt; wenn über einen Grundsatz der Gottesgelahrheit, ob derselbe für ein Gesetz der Beurtheilung unserer Brüder anzunehmen sey, eine Motion gemacht wird? Hier muß man die ganze Welt, worin man lebt, und sich selbst vergessen, um nach logischen Regeln durch Begriffzergliederung sich zu belehren.

So viel ich weiß, hat bis zu dieser Stunde noch niemand es gewagt, mit der **Worterklärung** des **Christennamens** eine Neuerung zu versuchen. Man wünscht indessen seit geraumer Zeit, ihn auf eine Classe von Menschen, welche in der Kirchengeschichte bisher mit zu den Naturalisten gezählt wurden, auszudehnen; und da dieß vermöge der Vernunftgesetze nicht anders angeht, als daß man die den Erklärungsworten angepaßten Begriffe erweitere: so ist man, dieses auszurichten, in der Stille geschäftig; worauf es sich denn von selbst geben müßte, daß auch der übliche Begriff, den man insgemein von einem Naturalisten hat, verändert, eingeschränkt würde. Das Ziel dieser Bemühungen ist auf eine zweyfache Weise gesteckt: erstlich, uns zu gewöhnen, daß wir unter **der Lehre Jesu** etwas anders uns denken, als dessen wir uns bisher bewußt waren; zweytens, es dahin zu bringen, daß der Ausdruck, **der Lehre Jesu anhängen,** uns etwas anders, als wir gelernt hatten, bedeute. Das ist die Motion, welche mit der Versicherung, ein bloßer Vorschlag solle es nur seyn, öffentlich gemacht wird.

Ich will den Aufsatz, in welchem ein so kühner Schritt gethan wird, weder genau censiren, noch das

Geschäft,

Geschäft, ihn kunstmäßig zu widerlegen, mir anmaßen. Wollte ich es: so müßte ich zuförderst, was die eigentliche Meinung meines Gegners, und hernach, daß dieselbe irrig sey, zu beweisen über mich nehmen. Für den ersten Theil der Arbeit scheue ich mich; die Zurüstung dazu würde meinen Lesern und mir mehr Zeit rauben, als der Ertrag der Arbeit werth ist. Directe Streitschriften stiften selten einen beträchtlichen Nutzen. Wegen der Vieldeutigkeit unsrer Gedankenzeichen, und weil nicht leicht jemand irren kann, ohne daß er etwas wahres im Sinne hätte, wird des Streitens kein Ende. An der Wahrheit des Geschichtsatzes, daß der Eine oder Andere auf einem rechten oder irrigen Wege mit seinen Gedanken sey, liegt ohnehin wenig; nur an der Wahrheit unsrer Lehrsätze, unsrer Gerechtsame, so oder anders zu handeln oder zu urtheilen, ist die Welt bey den Streitigkeiten der Gelehrten interessirt. So werde ich denn die Meinung des Ungenannten, die in dem erwähnten Aufsatze steht, so, wie ich sie in redlicher Absicht, um durch seine Beyhülfe etwas zu lernen, überdacht habe, vorstellen. Irre ich, und ist seine Meinung nicht ganz dieselbe, die ich auf Anlaß seines Vortritts widerlege: so trifft ihn nicht meine Widerlegung. Für die abgezweckte Wahrheitserforschung ist es am Ende gleich viel, ob jemand, oder wer diese Gedanken, denen ich widerspreche, geäußert habe; wenn nur ihre Würdigung und Prüfung den Zeitbedürfnissen gerecht ist. Der Proponent, den ich mir denke, spricht also:

Erster Hauptsatz: Das Wesentliche der christlichen Religionserkenntniß, dasjenige, was in ihr auf den Hauptzweck aller Religion (Moralität und Hoffnung eines dahin sich beziehenden Wohlseyns,) in wie fern derselbe von Menschen im jetzigen Zustande der Menschheit erreicht werden soll, eine nothwendige Beziehung hat, daher allen Menschen zu wissen oder praktisch zu erkennen, nöthig ist und genügen kann; dieses Wesentliche oder einzig Unentbehrliche in der christlichen Religionslehre, dessen der Mensch, um nach dem Zwecke und den Anlagen seiner Natur gut und glücklich zu werden, jetzt bedarf; es besteht schlechterdings nur in folgenden vier Grundsätzen:

I. Es ist ein weiser und wohlthätiger Urheber und Regierer der Welt.

II. Derselbe befiehlt als Gesetzgeber eine reine Sittlichkeit, und will, daß dieselbe bey allen Menschen sich erzeuge.

III. Der Mensch dauert, als ein denkendes Geschöpf, nach seinem Tode fort.

IV. Seine Rückkehr aus dem Zustande einer moralischen Verschlimmerung zur Tugend und Glückseligkeit ist möglich.

Zwar enthält die christliche Religionslehre noch manche andre Sätze, die in ihr ebenfalls unentbehrlich sind: doch sind sie es nicht für ihren Hauptzweck in einer nothwendigen Verknüpfung, sondern dienen nur in in Beziehung auf jene vier Hauptlehren zum Beweise, zur Erläuterung, zur Anwendung derselben; haben nicht einen unmittelbaren, sondern nur einen mittelbaren zufälligen Einfluß in die Moralität. Es läßt sich also gar wohl denken, daß diese Nebensätze zum Theil oder auch sammt und sonders von jemanden verleugnet und verkannt werden; und er dennoch, weil er der von Jesu dargebotenen Beweise, Erläuterungen, Anwendungen nicht bedarf, statt derselben andre Beweise, Erläuterungen, Anwendungen, welche ihm genügen, zur Hand hat, jene vier Hauptsätze praktisch erkenne. So sind denn wohl die Nebensätze für die Menschheit im Ganzen, nämlich in Hinsicht auf einzelne Glieder der Menschheit, brauchbar und wohlthätig; keinesweges aber kann es von einem Jeden erfordert werden, daß er ihnen beypflichte, weil nur dann, wenn die praktische Erkenntniß des ganz Unentbehrlichen mangelt, eine unbedingte Unmöglichkeit, durch Religionserkenntniß zum Religionszwecke zu gelangen, sich hervorthut. Nur der Defect des ganz Unentbehrlichen, welches in keiner wahren zweckgerechten Religion mangeln darf, nicht aber ein anderer Defect in der Annahme der christlichen Religion mag eine gegründete Ursache der negativen Behauptung, daß jemand kein Christ sey, abgeben.

Zweyter Hauptsatz. Noch ist damit für die positive Behauptung, daß jemand ein Christ sey, nichts geschehen. Es gehört aber zu diesem

sem positiven Beweise nun nichts mehr, als daß man Jesum für den ursprünglichen vornehmsten Lehrer der wahren Religion (jener vier Sätze) halte, ihn dafür bekenne, und um ein wahrer Christ von Herzen zu seyn, seinem Religionsglauben, den man in beschriebener Maße hat, mit der möglichsten Gewissenhaftigkeit nachlebe. Ob man Jesum für eine Person, in der Gott selbst redete und lebte, oder auch nur in seinen Amtsreden für einen ganz untrüglichen Lehrer, für einen durch unmittelbaren Befehl Gottes an die Menschen gesandten Lehrer, dessen göttliche Absendung und Lehre durch göttliche Wunderwerke und Bezeugungen erwiesen worden sey, dem folglich auf sein Wort geglaubt werden müsse, halte: daran liegt bey der Untersuchung, ob man ein Christ sey, nichts.

Dritter Satz. Vielleicht wäre es nicht übel gerathen, die Menschen, welche in Jesu den bestverdienten Religionslehrer aus der alten Welt verehren, und nach seinem Vorgange die vier Hauptsätze, welche die einzigen unentbehrlichen Bestandtheile aller zweckmäßigen Religionserkenntnisse sind, annehmen, sie aber nicht seines Zeugnisses halber, sondern als Lehrsätze der natürlichen Religion, für wahr achten, naturgläubige, und den ganzen Haufen der übrigen Verehrer Jesu wundergläubige Christen zu nennen.

Dieses ist, wie es mir vorkommt, in ihrer besten Form die neue Lehre, für deren Annahme öffentlich gestimmt werden soll. Es wird mir nun vergönnt seyn, eine freye, vom artistischen Zwange der Disputirkunst entbun=

des Christianismus vom Naturalismus. 13

entbundene Prüfung dieser Lehre, dieser Motion, zu unternehmen.

Für alle Religionslehrer, denen es ihre vornehmste Amtspflicht, Seelsorge genannt, ist, ihren Pflegebefohlnen, theils einzelnen, theils einem vermengten Haufen, das rechte Maaß der Erkenntniß, dessen sie bedürftig sind, zuzumessen, kann keine Frage anziehender seyn, als jene: was für einen Menschen in seinem Wissen, um zum Zwecke der Religion zu leben, das einzig Unentbehrliche; was das Minimum besonders der christlichen Religionserkenntniß sey, worauf bey ihm die Möglichkeit, ein wahrer guter Christ zu seyn, beruht? Auch nachdem wir uns beschieden haben, daß Gewissenhaftigkeit, deren Anordnung und Leitung das nahe Ziel sey, wohinan wir Lehrer arbeiten sollen, weil wir mehr thun weder können noch sollen, daher die Seelsorger im alten Style den Titel Gewissensräthe empfingen; auch da noch fühlen wir es, wie schwer es sey, die Erkenntniß ausfündig zu machen, deren ein vor ihnen Stehender, ihr Zeitalter, ihre, der Seelsorger und Gewissensräthe, Gemeinde bedarf, um gewissenhaft zu seyn und es zu bleiben. Ja, so bald das Wort: nur durch Gewissenhaftigkeit, durch die Fertigkeit den Einsichten, in denen man über die sittlichen Pflichten beym Vernunftgebrauche belehrt ist, gemäß zu handeln, fließt Religionswissenschaft in die Moralität und Gemüthsberuhigung ein, niedergeschrieben und für eine Wahrheit erklärt ist: so leuchtet

es

es gleich ein, daß das Unentbehrliche in der Religionserkenntniß, der Art und dem Maaße nach, etwas sehr
Relatives, für den Einen ganz etwas anders ist, als
für den Andern. Speculirt man über die Bedürfnisse
der Menschheit, des Menschen in abstracto,
was der Mensch, weil er ein Mensch ist, wegen seiner
Naturanlagen nach dem Zwecke seines menschlichen Daseyns, an Religionserkenntniß bedürfe, um durch sie
gut und glückselig zu seyn, um (denn wer kann mehr
mit seinem Thun daran geben?) nach einem guten Gewissen zu leben: ohne viele Mühe läßt sich das aus Be-
griffen ausmitteln; und das Resultat möchte wohl die
vom Ungenannten aufgestellten vier Religionssätze nicht
einmal befassen; an den beyden ersten Sätzen, mit denen die Tugendhülfe der natürlichen Religionswissenschaft Vielen ganz erschöpft scheint, möchte es genug
seyn. Ich leugne nicht den Nutzen und die Brauch-
barkeit einer solchen Speculation. Aber wir müssen
nothwendig einen Schritt weiter thun, den der Unge-
nannte selbst wirklich gethan hat; auszufinden suchen,
was der Mensch nach seinen Naturanlagen wegen des
Zustandes, darin jeder jetzt ist, was die Menschheit
in concreto bedürfe. Hier ist schon über That-
sachen von ganz anderer Art, über den Zustand des, wie
es erscheint, durch Freyheitsmißbrauch veränderten Menschen, und über den Zustand der Dinge umher, unter
deren Einflusse die Moralität sich bey uns allen ent-
wickeln muß, zu reflectiren. Noch scheint hier die Kunst

der

der natürlichen Religion nicht ganz verloren; sie verhilft uns, wo nicht zu einer philosophischen Ueberzeugung, doch zum Glauben über die beyden Sätze III. und IV., welche eine Hoffnung der Seelenunsterblichkeit, und eine Möglichkeit der menschlichen Gemüthsbesserung aussagen; und von beyden Sätzen ist es zuzugeben, daß sie in den Umfang der Religionslehren, welche uns jetzt unentbehrlich sind, mit einzurechnen seyn. Ob aber in dem Sinne, worin die natürliche Religionswissenschaft die Möglichkeit einer moralischen Menschenbesserung uns überliefert; ob in dem Lichte, worin sie uns Unsterblichkeit und Wohlseyn nach dem Tode hoffen läßt, die Bedürfnisse der Menschheit auf eine für den Zweck und die Anlagen unsrer Natur zureichende Art befriedigt werden können: das war ja bis jetzt die große und einzige Streitfrage, welche Christen und Naturalisten von einander schied. Es klingt seltsam in meinen Ohren, wenn hier vor dem Knoten mit einem: ich glaube, es dünkt mich, die Untersuchung abgerissen wird. Der christliche Theolog spricht also: „Ich bin mir bewußt, „daß alle Menschen noch in ihrem jetzigen Zustande zu „einer reinen Moralität, zu einem sündlosen We„sen, verbunden bleiben; ich bin überzeugt, daß an „dieser sittlichen Vollkommenheit, ihre Hoffnung eines „Wohlseyns, wozu sie in ihrer Menschheit bestimmt „sind, hafte. Ich weiß aber auch, daß eine bloße „Möglichkeit der Sittenform, so wie sie im Lichte „der Naturoffenbarung vorstellig wird, indem sie
„keine

„keine Aussicht in eine reine Moralität öffnet, nie-
„manden zum gewissenhaft entschlossenen Streben
„nach der reinen Moralität hinführen; ich fühle es,
„daß die matte Hoffnung, welche das Naturlicht an-
„zündet, daß die Hoffnung einer jenseits des Grabes
„befindlichen, dem Grade meiner Moralität, der mir
„möglich erscheint, angepaßten Wohlfahrt den Wider-
„streit der verkehrten menschlichen Neigungen gegen die
„erkannten Pflichten nicht bis zu dem Grade, daß die
„Gewissenhaftigkeit nach den Anlagen der menschlichen
„Natur im jetzigen Zustande der Dinge noch bey mir
„Statt findet, hinwegnehmen könne. Wie ist es mir
„zuzumuthen, daß ich in den aufgestellten vier Religions-
„sätzen eine vollständige Aufzählung aller Religionser-
„kenntnisse, welche der Menschheit jetzt unentbehrlich sind,
„wahrnehme? Nein, die Menschheit braucht zu dem
„Zwecke der Religion nicht nur den Gedanken: es ist
„möglich, sondern auch jenen: es ist gewiß, Got-
„tes Vorsatz und seine Verheißung ist es, daß der Mensch,
„wenn er nach einem guten Gewissen das, was er kann,
„dazu beyträgt, sich bessern und zur moralischen Lau-
„terkeit umkehren werde. Nicht braucht die Menschheit
„nur diesen Gedanken: die denkenden Geschöpfe
„dauern fort nach dem Tode, und haben als-
„dann nach dem göttlichen Willensvorsatze, wie denn
„dieß auch jetzt schon andem ist, ein ihrer Moralität
„gerechtes Wohlseyn; sondern, so anders das unvertilg-
„bare, in den ewigen Schöpfungsgesetzen gegründete Ver-
„lan-

„langen, das nach Glückseligkeit in der Menschenbrust
„lodert, befriedigt, und der Tumult der Leidenschaften
„gestillt werden soll, so muß ich der Vergünstigung,
„daß bey der Gewissenhaftigkeit eine all
„mein Wünschen stillende Seligkeit zu ge-
„wärtigen ist, mir so bewußt seyn, daß ich nicht
„zweifle an dem, was ich glaube. Eine Religions-
„erkenntniß suchen wir, durch welche die Absicht
„der wahren Religion erreichbar gemacht ist. Wo ist
„denn jene Gewißheit, jene Befugniß, wornach ich mich
„umsehen muß, in dem Bezirke jener vier Sätze, die
„man mir auslobt, als das Wesentliche aller Religion,
„als das Ein und Alles, was die wesentlichen und jetzt
„allgemein gewordenen Bedürfnisse des menschlichen Ge-
„schlechts erfordern? Vermissen wir' denn etwa nur
„noch Erläuterungen, Beweise, Anwendungen jener vier
„Grundsätze? Nein, ganz neue außerhalb ihres Ge-
„biets gelegene Wahrheiten sind es, welche aufzu-
„suchen das Gebot der in allen ihren Theilen ehrwür-
„digen Naturreligion uns befiehlt. Wer kann, der be-
„weise diese Wahrheiten, die zu suchen sind, er mache
„sie nur nach logischen Gesetzen wahrscheinlich, ohne
„eine neue Offenbarung des Willens Gottes, die zu der
„in den Natur- oder Schöpfungsgesetzen geschriebenen
„hinzukommt. Mich deucht, daß das Gegentheil zu
„fürchten sey, steht in den Schöpfungsgesetzen geschrie-
„ben. Allerdings muß ich mich umsehen nach dem,
„was mir fehlt. Und fände ich es nicht: so werde ich

B

„treu meiner Vernunft sprechen: es ist keine Religions-
„erkenntniß in der Welt, welche zum Zwecke der wah-
„ren Religion genügt."

Dennoch, wenn ein solches Wort auszusprechen
wäre, ist damit nicht gesagt noch bewiesen, daß kein
Mensch unter denen, die es jetzt nicht sind, wieder moralisch gut, folglich selig werden könne. Vorausgesetzt
und angenommen, daß ohne unser Wissen ein alle unsre
möglichen Religionsgebäude übersteigender Vorsatz Gottes, wie ihn das christliche Lehrgebäude aufstellt, wirklich da sey: so wären wir nur bis so weit gekommen,
daß das Glauben dem Menschen bessere Dienste leisten
müsse, als das Sehen. Denn es könnte ja jener Vorsatz ausgeführt werden, indem wir, sey es auch auf noch
so seichte Gründe, das, was wir nicht recht wissen, noch
nach logischen Regeln zu einer moralischen Glaubensge-
wißheit erheben können, fest glaubeten, und damit zu der
Gewissenhaftigkeit eines aufrichtigen Strebens nach einer
Moralität uns ermunterten. Aber -- kann dieses denn
auch noch seyn, kann Gewissenhaftigkeit seyn bey ver-
schuldeter Unwissenheit und Verwerfung einer von der
Vorsehung vorgehaltenen glaubwürdigen und zur gläu-
bigen Annahme für einzelne Personen in ihrem subjecti-
ven Zustande hinlänglich qualificirten höhern Religionserkenntniß? Solchemnach wäre denn noch vieles zu erörtern über Zeit und Localbedürfnisse, über persönliche
auf subjective Seelengeschichte bezogne Bedürfnisse, wenn
anders die Aufgabe, ob durch Religionserkennt-
niffe,

niſſe, die der Menſch beſitzt, das Ziel der wahren Religion von ihm ergriffen werden könne, aus einer Ueberſicht ſeiner Bedürfniſſe zu entſcheiden wäre. Ließen wir endlich auf dieſer Entſcheidung das Recht, ein Chriſt zu heißen, ſich errichten: ſo wäre der Fall eingetreten, da man, um dieſen Namen zu verdienen, mit ſehr ſpeciellen Religionseinſichten, bey denen ſchlechterdings auch über Beweisarten, Erläuterungen und Ausführungen der Religionsgrundſätze Nachfrage zu halten wäre, jeder auf eine eigne Art, verſehen ſeyn müßte. Wohin geriethen wir? und in welch' ein unermeßliches Feld von Unterſuchungen müßten wir eintreten, wenn die Vorausſetzung gelte: daß aus dem Beyſammenſeyn alles deſſen, was ein Menſch an Religionskenntniſſen, um zum Zwecke der Religion zu leben, nöthig hat, erſt negative, ob jemand ein Chriſt heißen könne, ausgemacht werden müſſe; ehe man ſich auf einen poſitiven Beweis, daß er es wirklich ſey, über ihn einlaſſen dürfe. --- Der für die Deduction des Rechts zum Chriſtennamen angeprieſene Rechtsweg iſt, ſo viel ich ſehe, ein Abweg, der vom ausgeſteckten Ziele hinwegführt. Denn er verleitet zu Betrachtungen, aus denen, wenn es gleich erwieſen wäre, daß der Religionszweck bey jemanden wirklich erreicht ſey, noch nicht die mindeſte Präſumtion, daß derſelbe Menſch darum ein Chriſt ſey, oder nicht ſey, entſpringt.

Wir wollen unterſcheiden einen **religiöſen**, einen **chriſtlich religiöſen** Menſchen und einen **Chriſten**, ften. Religiös nennt man den, der aus Religion oder Religionsgrundsätzen gewissenhaft in seinen Gesinnungen, Denken, Reden und Thun ist. Sind es die christlichen, die von Jesu in seiner Religionsanweisung der Welt angepriesenen Grundsätze, die uns bey unsern gewissenhaften Entschließungen beseelen: so ist christliche Religiösität da; und man ist damit, daß ich es mit einem Kunstausdrucke gebe, virtualiter ein Christ, oder der Gesinnung nach denen, welche Christen, ja rechtschaffene Christen sind, vollkommlich an die Seite zu setzen, weil man die Gemüthsfertigkeit, deren Erzeugung und Nährung des Christenthums Zweck ist, besitzt. Könnten die den Grundsätzen der christlichen Lehre entsprechenden Gesinnungen keiner Menschenseele anders gemacht werden, als mittelst der Predigt von der Person Jesu, seiner Lebenshistorie, der Wahrheiten und Befehle, die er in diesem Bezuge hat bekannt machen lassen: so könnte man nicht christlich religiös seyn, ohne daß man zugleich ein Christ, ein wohl unterwiesener Christ wäre. Allein das Gegentheil ist in den Schrifturkunden und durch Jesum selbst bezeugt. Wer kennt nicht die alte Kirchenlehre, deren Anfänger hauptsächlich Paulus ist: daß die religiösen Israeliten durch keinen andern Glauben, als der uns Christen selig macht, durch den Glauben an Christum, vor Gott angenehm gewesen sind? Unsre frohe Erwartung, daß Menschen aus allerley Völkern des Erdbodens, die Jesum nie nennen hörten, mit uns, denen von ihm verkündigt ist,

einst

einst zum Himmel, das ist zur reinen Moralität, werden gebracht werden, hat nirgends anders ihren festen Grund. Dieses zusammen, und das alles, was geschrieben steht, von den Prärogativen des Glaubens an Christum, eigentlich nur auf die christliche, die den Absichten der Sendung Jesu angemessene Religiösität, gedeutet werden müsse: Wahrheiten sind das, auf deren Erweis man sich dreiste einlassen darf, wenn man die zwey hermeneutischen Regeln zur Hand hat: daß die Schrift häufig mehr die objective auf die innern und ohne Offenbarung verborgnen Zusammenhang der göttlichen Rathschlüsse, gleichsam auf eine Geschichte in Gott bezogne, als die subjective, auf unser Bewußtseyn, auf die Geschichte in uns, sich beziehende Wahrheiten aussage; und dabey die metonymische und synekdochische Sprachart liebe. Von dem Ungenannten wird eingestanden, daß die praktische Erkenntniß aller Grundsätze der wahren Religion an sich, daß die christliche Gesinnung noch niemanden zum Christennamen ein Recht gebe. Ein nach christlichen Grundsätzen religiöser Mann ist damit noch kein Christ; man müßte denn, wie man Manichäern vor Mani redet, von Christen vor Christo, bestimmter von solchen sprechen, die es nicht realiter, sondern virtualiter nur sind.

Wie läßt sichs denken, daß der schon christlich religiöse Mensch ein Christ wird? Meine Behauptung ist: er wird es nur auf demselben Wege, auf welchem er es auch, da er die christliche Religiösität nicht hatte, werden

den konnte. Im bestehenden noch unbestrittenen Begriffe des Christen, als über dessen Anwendung in vielseitigem Betrachte nur disputirt wird, liegt der Beweis. Das erste aller Erfordernisse ist die Taufe. Kommt zu der äußern Aufnahme in die Christenwelt das äußere Bekenntniß zur Lehre Jesu, und die innere Ueberzeugung, daß seine Lehre wahr sey: so gehört man zu den Bekenntniß= oder Professions= und zu den Erkenntniß= oder Glaubenschristen. Ist noch dabey die christlich religiöse Gesinnung: so heißt man ein rechtschaffener Christ. Einen Zunamen letzterer Art kann man rechtlich aber nicht haben, wenn nicht das Recht unter dem Geschlechtsworte Christ, in einem besondern Range der Christen classificirt zu werden, durch das Verdienst, einen der vorangeführten Namen zu tragen, erworben worden ist. Nach der Stufenfolge, die durch Begriffgliederung festgesetzt worden ist, tritt man nur aus der Classe der Getauften, das ist Christenthumsschüler, in eine der beyden höhern Classen derer, die sich zu Jesu bekennen, und so denken, wie sie reden und verpflichtet worden sind; endlich kommt man aus dem Mittel der Letztern in die allerselecteste Classe derer, die so, wie sie denken und reden, handeln, hinüber. Haben gleich die christlich religiösen Personen, denen Taufe und Aneignung der Taufverpflichtung mangelt, mit den religiösen Christen gleiche Hoffnung und Lob vor Gott: so haben sie doch, so lange nicht der Gehalt des Wortes umgeschmolzen wird, wobey denn aber doch die Sache

selbst

des Christianismus vom Naturalismus.

selbst ewig bliebe, nicht den mindesten Anspruch, für Christen gehalten zu werden. Schlechterdings nicht haftet der Name und in ihm bezeichnete Begriff eines Christen an der Beschaffenheit des Gemüthssinns. Zwar der Name eines rechtschaffnen Christen in seiner specifischen Differenz ist daran geheftet. Aber ehe man jemanden in seiner specifischen Differenz lociren kann, muß er unter das Genus gesetzt seyn. Anders zu verfahren, untersagt uns die mächtige Dictatur der Logik oder gesunden Vernunft.

Eine neue Frage. Wir haben vor uns einen Getauften, der eben dadurch ein Christ, aber das heißt hier nur noch ein Mensch ist, welcher die christliche Religionslehre, um sie auszuüben und zu bekennen, lernen soll. Wenn nun ein solcher bloß die natürlichen Religionslehren annimmt und lehrt: ist er damit seiner Erkenntniß und Lehre nach ein Christ? Ja, würde die Antwort lauten, wenn Christus nur ein Lehrer der natürlichen Religion hätte seyn wollen, wenn er nicht außer den Grundsätzen dieser Religion noch einige und neue Religionsprincipien uns übergeben hätte, welche wir erlernen sollen, um der bey allen Menschen anzurichtenden christlichen Religiösität durch seine Lehre theilhaftig zu werden. Nach nichts wenigstens würde man alsdann weiter zu fragen befugt seyn, als ob auch, und in wiefern die natürlichen Religionswahrheiten als von Jesu empfangene Lehren anerkannt würden. Ich wende mich zu demjenigen, was das Allerinteressanteste ist.

Hat die christliche Religion neue ihr eigenthümliche Grundwahrheiten; die ihr eine **specifische Differenz beylegen**, wodurch sie von der natürlichen und **jeder denkbaren Religion** sich wesentlich (im logikalischen Sinne des Worts) unterscheidet? Sind etwa diese Wahrheiten dieselben, die man im System einer Naturreligion vermißt, und deren Aufsuchung höchstes Bedürfniß der Menschheit, Schöpfungsgebot, ist? Sind sie es etwa, zu deren Erlernung wir besonders, als Christen, und namentlich in der Taufe, dem Elementaranfange alles Christenthums, auf das Gemessenste verpflichtet werden? Hätte es mit diesen drey Vorderfragen seine Richtigkeit, daß sie mit assertorischer Gewißheit zu bejahen seyn: was wird folgen, wenn jemand gerade die specifischen Wahrheiten des Christenthums verkennt und verwirft, und sich von seiner Taufverpflichtung in der Erkenntniß und Lehre losreißt? Ist er noch der **Erkenntniß nach ein Christ?** Welch' eine Antwort gebieten **Vernunft, Moral, Taufgelübde** dem Christen?

Man ist doch wohl, (daß nur nicht eine solche Kleinigkeit, über die man längst einverstanden ist, uns verwirre) einig: daß jede Religionserkenntniß, nicht nur die natürliche, sondern auch die ihr gegenüber gestellte geoffenbarte Religionserkenntniß, nur mit **Hülfe des Vernunftvermögens** aufgefaßt wird. Alle Gelehrte, denen die Theologie eine Wissenschaft ist, sind doch wohl einstimmig, daß wahre Religion im eigentlichen Sinne,

also

also nicht obiective, sondern subjective, genommen, nichts anders sey, als die den erkannten wahren Verhältnissen Gottes zu den Menschen angemessene Gemüthsgesinnung, oder die in der vernunftmäßigen Vorstellung jener Verhältnisse gegründete Fertigkeit, sich zu entschliessen. Nun unterscheiden wir aber zwey Unterarten der wahren Religion, die natürliche und geoffenbarte. Ist die natürliche die den aus der vernünftigen Betrachtung der Schöpfungswerke, kurz den Naturgesetzen, erkennbaren Verhältnissen Gottes zu den Menschen angepaßte Gesinnung: so muß nothwendig eine wahre geoffenbarte Religion, wofern sie jener, als eine Cospecies, gegenüber steht, neue aus dem auf das Anschaun der Naturgesetze verwendeten vernünftigen Fleiße unerkennbare Verhältnisse Gottes zu den Menschen zu ihrer Grundlage haben. Giebt es ein solches Verhältniß Gottes? Wir Christen sind allesammt der Meinung, daß die Beziehung, in der wir, als Sünder, zu der Gottheit stehen, ein solches neues Verhältniß zuwege gebracht haben. Die Wirklichkeit jener Beziehung ist klar aus der Erfahrung. Zwar ihre Möglichkeit, aber nicht ihre Wahrscheinlichkeit, noch weniger, wiewohl einige Weltweise auf diesen paradoxen Gedanken gerathen sind, ihre Nothwendigkeit ist abzuleiten aus den Naturgesetzen. Im Gegentheile läßt sich behaupten, daß die Sünde durch einen Mißbrauch der Freyheit im Widerspruche gegen die Naturgesetze entsprungen sey. Die christliche Religion, das ist das Allerunbestrittenste, giebt sich für nichts anders aus, als daß sie eine Sündern gegebene Religion sey. Ob sie wahr oder falsch sey, bleibe noch an die Seite gestellt; genug, sie tritt nur **unter der Gestalt** einer von der natürlichen specifisch unterscheidbaren Religion zum Vorschein; und macht keinen andern Anspruch auf objective Wahrheit, als indem sie Grundsätze für das Leben ankündigt, durch deren Beachtung der Sünder zur Sündlosigkeit zurückgeführt wird. Hier ist das Neue. Oder kann die natürliche Religion dergleichen Principien auch aufstellen: so producire sie dieselben. Jener Ausspruch: es sey eine Verbesserung der unmoralischen Menschen **möglich**, erhärtet bey weitem noch nicht eine **Erreichbarkeit des Naturzwecks unsers Daseyns**. Aus der Evidenz, daß Sünde nach den Naturgesetzen **nicht seyn sollte**, erhellet vielmehr, **daß diese Gesetze für den Fall, wenn das geschähe, was nach ihnen nicht geschehen sollte**, gar nicht calculirt seyn. Und wäre es endlich sogar dargethan: in der Schöpfung des Menschen sey schon für den möglichen Fall gesorgt worden, daß der Mensch, wenn er sündigte, **durch das Triebwerk der Gesetze seines Daseyns**, oder, welches einerley ist, nach vorhandenen Principien der natürlichen Religion von selbst wieder sündlos werden könne, vielleicht gar, so man auch dieses portentum im Wahrheitsreiche mit einsetzen will, werden müsse: so entsteht doch über die christliche Religion die neue Nachfrage, ob die in ihr

über

über dieselbe Sache, nicht daß sie kommen müsse, sondern wie sie kommen könne, und daß sie kommen solle, insofern vor Gott schon gewiß sey, aufgestellten Grundsätze einerley seyn mit jenen, welche die Naturreligion vorweiset? Hier wird die ganze Untersuchung h i s t o r i s ch; und es ist leicht zu zeigen, daß die von Jesu gefertigte Religionslehre solche neue Sätze zum Behufe der Erneuerung der menschlichen Moralität wirklich darbringe, welche ihr ganz eigen sind, die die Naturreligion nicht hat, noch liefern kann.

Wir suchen nach diesem Neuen. Wir suchen nicht, was Jesus in Person den Menschen Neues gelehrt habe, was auf seine Anregung von der Epoche seines Lehramts an auf der Erde für wahr erkannt worden sey. Nicht Neuigkeiten aus der Menschheitsgeschichte, sondern Neuigkeiten für die Lehre vom Menschen; Erweiterungen der allen Menschen zuständigen Religionswissenschaft, mit denen Jesus uns bereichert hat; so etwas, desgleichen kein Studium der Naturgesetze, kein Fleiß der Philosophen an das Licht ziehen kann; dieß Neue, was unser großer Lehrer nicht sowohl geprediget, als erschaffen und gemacht hat; das suchen wir. Ob er es, als Erster unter den Menschen gedacht, mit seinen Lippen gesprochen habe, daran liegt nichts. Es sind Lehren, die wir seinem Zutritte zu den M e n s ch e n verdanken; sie waren für das Menschenwohl zu wichtig, als daß Gott mit der Offenbarung dieser Wahrheiten bis zu dem Zeitpunkte seiner Erscheinung unter uns hätte warten wollen.

wollen. Ja ob er es gleich zuerst im Lichte der Deutlichkeit und Gewißheit, bestimmter, als man es zuvor wußte, aufgeklärt hat: so wußte man doch die Hauptsache von dem allen Jahrtausende zuvor, ehe ihn die Welt sah; eben darum spricht man von einer **christlichen Religiosität vor Christo**. Genug, daß es nur durch ihn, durch **sein Daseyn unter uns, wahr ist**, sonst, wenn wir das **Factum seiner Lebensgeschichte** wegnehmen, **ewiglich unwahr geblieben wäre, und nie davon hätte gelehrt werden dürfen**. Nach der Christenthumsaussage muß man sich bescheiden, daß, wenn er nicht als Mensch den Menschen zugesellt worden wäre, alle unsre Religionsunterweisung richtig vorgetragen, ganz anders klingen, und in viel engere Gränzen eingezogen seyn würde. Ob Jesus dieß zuerst unter uns gelehrt habe, das ist wichtig, doch eine wahre Kleinigkeit im Vergleiche mit dem, was man lernt, wenn gesagt wird, was blos um seinetwillen wahr sey, dadurch, daß Gott ihn uns zu schenken beschloß, und er in die Absicht des Höchsten mit seiner Person sich fügete, wahr geworden, und als etwas ganz Neues in die Menschenreligion hineingebracht worden sey. Jenes giebt bloße **Geschichtsätze**. Dieses muß uns ein prüfendes Nachdenken **über die historisch beurkundete Absicht seiner Sendung zu uns** lehren. Es ist, menschlich davon zu reden, eine Particul von der Geschichte in Gott; es enträthselt Verhältnisse der Gottheit zu den Menschen.

Was

des Christianismus vom Naturalismus. 29

Was Jesus nebst seinen Anhängern für die Absicht seiner Sendung erklärt habe, das lesen wir deutlich genug, Matth. 9, 13. 1 Joh. 3, 8. Matth. 20, 28.; und wer es leugnen wollte, daß Jesus, wenn wir keine Sünder, die seiner bedurften, geworden wären, nicht unter uns erschienen wäre, wenigstens nicht diese Verrichtungen unter uns gehabt hätte, die die Schrift ihm zueignet, der müßte in der Bibel einen Strich durch das ganze Neue Testament machen. Also, wenn in nichts anderm, gewiß in der Schriftlehre von der Welterlösung, oder daß Jesus ein Erlöser der Sünder sey, ist das Unterscheidende der christlichen Religionslehre zu suchen. Wie gerne man es nun zugiebt, daß mancherley Auslegungen des Erlösungsgeschäffts unter den Christen selbst, von langen Zeiten her, üblich sind, und daß niemand seine particuläre Auslegung zum Kennzeichen des Christenthums machen dürfe: so muß dennoch, was billig ja nothwendig ist, auch von der Gegenseite eingeräumt werden, daß man in irgend einem Sinne den Satz: Jesus ist der Erlöser der Sünder, als einen Religionsgrundsatz, an welchem die Besserung und das Wohl aller Menschen hängt, in der Religionserkenntniß, wenn sie christlich seyn soll, gebrauchen müsse. Endlich weil dieser Satz nur in einem einzigen von dem Jesu, der die Wahrheit gegeben und gemacht hat, zu erlernenden Sinne wahr seyn kann: so hat man sich mit Achtsamkeit auf die in der Lehre desselben in großer und weiser Mannigfaltigkeit darüber mitgetheilten Aussprüche

sprüche davon zu belehren. Wo nicht, so hätte man aus seiner Religionserkenntniß dasjenige, was sie als eine christliche kennbar macht, verloren. Es ist übrigens der Satz, daß Jesus ein Erlöser der Sünderwelt sey, nicht ein so wunderbares Räthsel, daß nicht, wenn alles, worüber Streit ist, an die Seite geschoben wird, ein Sinn, den alle denkende Menschen gelten lassen müssen, und wirklich gelten lassen, übrig bliebe, und vieles über die Sache selbst aus der Schrift, die zu Rathe gezogen wird, allen einleuchtend wäre. Ueber das Endziel der Erlösung, über den Wortbegriff, daß sie eine Befreyung des Menschen von der Sünde und ihren traurigen Folgen bedeute; daß man durch sie (man setze dieses immer oben an, denn es verdient den hohen Platz) zu einem rein moralischen oder ganz sündlosen Menschen; daß man auf ewig, und vom Termine des Todes an dazu gemacht werden solle: darüber kann doch wohl unter biblischen Theologen kein Streit seyn; und wer unter den gemeinen Christen anders, als die Angabe lautet, antwortete, über dessen Kategorie, ob er zu den Unwissenden, oder zu den Irrenden in der christlichen Erkenntniß zu rechnen sey, würde man sich nicht lange besinnen. Die Hauptsache für den Gebrauch der Lehre ist damit hell und deutlich genug. Auch ist es die Art der Erlösung, wieferne sich ein jeder Christ dieselbe zu seiner Besserung vorzustellen hat. Die Erlösung, und zwar aller Menschen, ist zum Theil

schon,

schon, nämlich durch den Versöhnungstod Jesu, vollendet; sie ist, man streite über alles andere, so viel man wolle, sie ist vollendet in dem Sinne, daß alle Sünder in der Welt deswegen die Vergebung aller ihrer Sünden bey Gott erlangen können. Und wie man auch die Sündenvergebung wieder deute, so schließt dieses Wort bey allen eine Erinnerung in sich, daß durch Gottes Gnade die übeln Folgen begangener Sünden hinweggenommen werden. Die Erlösung, die wir Christo verdanken, geschieht zum Theil noch, und erreicht bey jedem Einzelnen, an dem sie geschieht, ihr Ende bey seinem Tode; sie geschieht mittelst der Religionslehre durch den heiligen Geist, der die Seelen heiligt, wenn sie die Religionslehre lernen und ausüben, im Vertrauen zu dem Erlösungswerke Jesu Buße thun. Wie dunkel das Schriftwort, heiliger Geist, auch Vielen sey, und ohne allen Schaden bleiben mag: so kann es doch bey keinem, der die christliche Lehre gelernt hat, so leicht fehlen, daß er nicht das Einzige, was dabey Noth thut, erkennte und fühlte: **nicht mein Bemühen, sondern Gottes und seiner Vorsehung unerforschliches Werk** ist es, das aus mir Sünder einen sündlosen Menschen macht, ich erlange dieses aber nur beym Aufmerken auf die Religionslehre durch Tugendfleiß, indem ich in meinem Gewissen zu keiner Sünde einwillige und täglich ein besserer Mensch werde. Daß diese Wahrheiten zusammengenommen, welche alle nur auf eine Entwickelung

des

des einzigen Hauptsatzes: Jesus ist der von Gott gegebene Erlöser der Sünder, zu achten sind, die wahren Elemente der christlichen Religionserkenntniß seyn, in wiefern diese sich von allen denkbaren Religionen wesentlich unterscheidet; daß auch, wer von einer unter ihnen in seinem Urtheile abweicht, in soferne ein Christ der Erkenntniß nach zu seyn aufhöre: das anzunehmen ist jeder genöthigt, wer theils in der Sache, die mit den angeführten Wahrheiten gelehrt, den einzigen und letzten Endzweck des Lebens Jesu unter den Menschen findet; theils in ihrem Bezuge die unentbehrlichen Bestandtheile der christlichen Religiosität vollständig und unzertrennbar angegeben sieht; und die eignen Aussprüche der heiligen Schrift sich zu Recht weisen läßt. Doch daß, wenn einzelne Stücke der beschriebenen Erkenntniß abgehen, damit die Befugniß, in Hinsicht auf die noch vorhandenen Theile des Specifischen ein Christ auch der Erkenntniß nach noch genennt zu werden, nicht verschwinde; das versteht sich von selbst. Bald wird es genauer angesagt werden.

Schriftzeugnisse sind da. Joh. 17, 3. Jesus legt mit einem feyerlichen Gebete sein Lehramt, in welchem er die ersten Christenthumslehrer zu ihren Geschäften vorbereitet hatte, nieder. Er giebt den Inhalt seiner ganzen Lehre mit zwey Worten an; und ohne sich über das Schicksal derer zu erklären, die keine Gelegenheit gehabt hatten, etwas von ihm zu lernen, beschreibt er die seligmachende, die christliche Erkenntniß; sagt: wer

durch

des Christianismus vom Naturalismus. 33

durch Erkenntniß zum ewigen Leben gelangt, der muß die zwey Sätze erkannt haben, den ersten, der wahre Gott ist ein Einziger, den andern, dieser Gott hat Jesum gesendet. Es versteht sich: beyde in dem Umfange, der dem Religionsschüler nach seinen persönlichen Bedürfnissen für den Zweck, ewiges Leben, reine Moralität, bey ihm anzurichten, genügt. Der Monotheismus und die ganze angewebte natürliche Religionswissenschaft ist denn das Eine; die Sendung Jesu von Gott mit den ihrer praktischen Annahme anzufügenden Lehrsätzen ist das Andere, was seyn muß, um das Ganze, christliche Erkenntniß, zu geben. Daß nicht das Erste, sondern blos das Zweyte, das Unterscheidende derselben ausmache; das steht 1 Joh. 2, 22. 23. 4, 2. 3. Das Kennzeichen der Widerchristen, gewesener Christen, die aus der Mitte der Christen ausgegangen sind, nie aber den christlichen Sinn noch gehabt hatten, v. 19. ihr, der abtrünnig gewordenen Lehrer, welche man nicht mehr für Christen, sondern für Gegner der christlichen Religion zu halten hat, ihr Kennzeichen ist: sie leugnen, daß Jesus der große Gottesgesandte an die Welt, daß er Christus sey. Die Wechselsätze, den Vater und Sohn leugnen, den zu der Zahl der Menschen hinzugebornen Christus Jesus leugnen, sind identisch mit jenem Satze. Die Abkürzungsformel, ein Gott, ein Christus, mit der Deutung, daß Jesus in dem zuvor angegebenen unbestreitbaren Sinne der der Sünderwelt gegebne einzige Erlöser, Religionslehrer,

C   und

und ewige Herr sey, ist etwas so herrschendes in dem Vortrage der Christenthumslehre. — Kann man es wohl im Ernste noch fordern, es erst historisch zu beweisen: das Christenthum verlange nicht nur den Glauben an Einen Gott, sondern auch den an Jesum, als den Einzigen, in dessen Namen Buße und Vergebung der Sünden gepredigt wird? Bey allen Abkürzungsformeln ist die Deutung etwas im Sinne behaltenes; nie aber etwas willkührliches; sondern aus demselben Systeme, das darin abgekürzt erscheint, herzuholen. Die Entwickelung verläuft sich in das Unendliche für diejenigen, welche bey ihrem Denken von der Formel Gebrauch machen, weil das Nachdenken kein Ziel hat. Wer aber die Formel, und den in ihr angegebnen Urbegriff der Wahrheitsforschung, ganz und gar verläßt, der kann sich nicht mehr einen Mann von diesem Gedankensysteme nennen.

Blos auf eine einzige Ausdehnung des Elementarbegriffs der christlichen Lehre ist ausdrücklich hinzuweisen noch nöthig, weil auch sie formularisch ist, sie das Weihungsformular für die Christenthumschüler ausdrückt. Es ist das Taufformular. Und wenn man von allen christlichen Religionstheorien, die darauf erbauet worden sind, abstrahirt, es sogar für eine Absicht des Stifters unsrer Religionssocietät erklärt, daß jeder Eingeweihete sich hierüber seine eigne der moralischen Cultur seines Geistes angewebte Vorstellun=

stellungen machen solle: so kann doch wieder derjenige nicht weiter für einen Lernenden von dieser Societät gehalten werden, wer diese Gedankenform als etwas ganz Unbrauchbares hinwegwirft, in welcher zu der schon bekannten und in sich vollständigen Formel Ein Gott, Ein Christus, jener ist der Vater, dieser ist der Sohn; der aus dem Worte Christus abzuleitende neue Ausdruck, Ein Geist, ausdrücklich hinzugefügt ist zum Behufe derer, die sich als Lehrschüler des Einen Christus erweisen sollen, damit sie, seine Schüler zu seyn und es zu bleiben, nicht verfehlen. Mag man die gewählten Redeausdrücke für eine blos temporelle Judensprache erklären; die Sache, die damit bezeichnet ist, muß doch bleiben. Um ja nicht in Worten anzustoßen, wolle man sie nur in folgenden ganz generellen, doch für die Praxin des Christenthums nichts wesentliches weglassenden Worten ausdeuten: ich taufe dich im Namen des Vaters, Sohnes, und Geistes; ich verpflichte dich, daß du hinfort ein religiöser Mensch seyst durch das Andenken an die Lehre: **Gott ist mein Vater durch Jesum seinen Sohn, wenn Jesu Geist in mir wirkt.** Wer kann, wenn auch nur dieß wenige zum Grunde gelegt ist, leugnen, daß dieß die Hauptsache der christlichen Lehre und Religiosität sey: Denke an ein gütiges Vorhaben Gottes mit den Menschen, sie zu moralisch guten und seligen Geschöpfen zu machen; an ein diesem göttlichen Vorhaben untergeordnetes Erlösungswerk Jesu; und an eine auf die Abſicht, daß derſelbe den Sündern ein rettender und lehrender Herr ſey, bezogene Beſſerungsanſtalt! Woferne denn auch jemand auf Jeſum, als den Einzigen, durch den ſeine Moralität erneuert werden ſoll, aufſchauete, nicht aber nach einer von der im Schöpfungswerke für unſre Moralität gemachten Anſtalt zu unterſcheidenden Beſſerungsanſtalt ſich umſähe, der erwieſe ſich nicht einmal mehr als einen Chriſtenthumsſchüler.

Die durch Jeſum neu aufgeſtellten Religionsprincipien ſind: Vorſatz Gottes, die Sünder in rein moraliſch-geſinnte, ſündloſe Geſchöpfe umzuwandeln; Erlöſungswerk, Möglichkeit, dieß, was ihnen zugedacht iſt, an allen Sündern, ohne daß ſie ihre Unmoralität abgebüßt haben, bis zum Todestermine hinan auszuführen; Heiligungsanſtalt, ein von der bey der Menſchenſchöpfung zu unſrer Moralität gemachten Anlage unterſchiedener Plan Gottes zu einer Umänderung unſrer Herzen. Die aus dieſer Quelle ausfließenden neuen Moralitätsprincipien ſind: eine männliche Entſchloſſenheit, für den Lebenszweck, welcher Gottes bedachter Endzweck iſt, zu leben, und ihm alles aufzuopfern; der getroſte Vertrauen zu Jeſu, daß einzig beym gewiſſenhaften Aufmerken auf ihn und ſeine Lehre jener Zweck Gottes erreicht werden müſſe; endlich die kindlich ergebne Erwartung, daß ein jedes Lebensereigniß, im allergerechteſten Verhältniſſe zu jener Selbſtverleugnung und Zuverſicht, abgezweckt nutzbar und unfehlbar

fehlbar dienlich zu dem begehrten Lebenszweck sey. Alles zusammen heißt kurzweg die Buße und der Glaube im Namen Jesu Christi. Sind etwa dieselben nebst den Glaubensprämissen, sind sie Erkenntnisse und Gesinnungen, deren Darstellung die natürliche Religionswissenschaft in Anspruch nehmen durfte? Wir sind wohl sicher, daß niemand dieses behaupten wolle, noch den Erweis liefern könne. Kein consequenter Denker wird der natürlichen Religion mehr zuschreiben, als daß nach ihr eine Umkehr der übelgesitteten gewordenen Menschen zum untadelichen Gehorsam gegen das Sittengesetz möglich und Gott angenehm sey. Das klingt ohngefähr so, wie der erste Satz, den das Christenthum als eine Eigenheit sich zuschreibt. Es sind aber hier manchfaltige Mißverständnisse. Sie auf dem kürzesten Wege zu heben, und zugleich den vornehmsten Gesichtspunkt, in welchem die Streitigkeit der Christen mit den Naturalisten als höchst wichtig erscheint, vorzukehren, ist es ohne Zweifel das Allerrathsamste, daß man sich sofort in den Beweis über die Mängel und Unzulänglichkeit der natürlichen Religion geradezu mit den Gegnern einlasse. Wir vermeiden es jetzt billig, als eine zweckwidrige Zerstreuung. Denn wie erwiesen es auch wäre, daß außer und neben der christlichen die natürliche Religion zur Menschenseligkeit zureichend sey: so folgt doch daraus noch nicht, daß jene nicht ihren eignen vom Naturwege unterschiednen Weg zu der Seligkeit zeige. Historisch ist das zu erörtern; und da das Schrift‑

studium unumstößlich darthut, daß die auf den Vater, Sohn und heiligen Geist, oder, welches einerley ist, im Namen Jesu Christi getauften Menschen an eine eigne Religionswissenschaft, die, der Naturalist sich nicht einmal anmaßen will, hingewiesen seyn: so besteht dem ungeachtet, wenn wir in unsern Beweisen über die Unzulänglichkeit der natürlichen Religion sachfällig geworden wären, die specifische Unterscheidung der christlichen und naturalistischen Religion. Um so mehr aber, da wir uns auf dergleichen Beweist einlassen, ist es documentirt, daß es kein Eigensinn, sondern eine interessirende Gewissenssache uns ist, auf Trennung von den Naturalisten zu bringen. Letztere scheinen in der Meinung zu stehen, als ob es uns bey der Vertheidigung der eigenthümlichen Lehren unsers Glaubens nicht um die Moralität, sondern um unsre Erlösungs- und Heiligungstheorien, zu thun sey. Möchten, antworte ich, diese fallen! denn sie sind blos der Schriftlehre von der Erlösung und Heiligung halber entworfen. Wenn wir uns nur überzeugen könnten, daß die Rückkehr der Menschen zu reiner Moralität ohne die von diesen Theorien trennbare Schriftlehre sich denken, und einer gänzlichen Zerrüttung der Moralitätslehre sich ausweichen lasse! Wie gerne werde ich zu den Naturalisten sagen: Wer nicht wider Christum ist, der ist für ihn; wenn der Gedanke mir nicht im Wege wäre, daß der Entschluß beym Tugendfleiße sich lediglich an die natürliche Religion zu halten, der Moralität nachtheilig ist!

Um

Um dem Verfechter der Würde der chriſtlichen Religion Gerechtigkeit wiederfahren zu laſſen, muß man ſich in ihm einen Gelehrten vorſtellen, welcher uns Irrgänge der Philoſophie, worin ihn der redliche und rechte Gebrauch ſeiner Vernunft führt, in denen die geübteſten Denker ſich zu verlieren pflegen, keinen andern Ausgang ſieht, als den Glauben an die ſpecifiſchen Lehren des Chriſtenthums. So achtet er ſich denn, letztere als ein Geſchenk der Vorſehung dankbarlich anzunehmen, verbunden; thut damit, was ihm in Hinſicht auf ſeine Geiſtesbedürfniſſe, deren Befriedigung ihm durch ſeine Menſchennatur vom Schöpfer ſelbſt aufgegeben iſt, Gewiſſenspflicht ward; und da ſeine innern Erfahrungen im Denken und Entſchließen ihm Ueberzeugung und vollendetes feſtes Vertrauen einflößen, ſo bedarf er, um ſeines Glaubens gewiß zu ſeyn, nicht einmal ſtrenge hiſtoricher Beweiſe über die göttliche Sendung Jeſu Chriſti; nicht eben dieſe führen ihn zum Glauben an ſeine Lehre, ſondern wegen der praktiſchen Erkennbarkeit der Lehre ſelbſt, von deren innerer Glaubwürdigkeit er in ſeiner moraliſchen Exiſtenz ſich überzeugt fühlt, erklärt er ihren Lehrer, der ſie der Welt gab, für einen Geſandten Gottes, da kein Mittelweg da iſt, als entweder für falſch, oder für göttlich muß man dieſe Lehre halten. Je ruhiger und gebeſſerter ſich ſein Herz dabey fühlt; je mehr er zugleich wahrnimmt, daß die Verwerfung der ihm ſo theuer gewordenen Lehrwahrheiten ſchädliche Irrthümer in der Religionserkenntniß bey einer conſequenten Denlungsart erzeuge; der nicht Nachdenkende aber, indem er den Gebrauch der gesunden Vernunft vernachläßigt, dadurch in Gemüthsempfindungen, welche der Moralität äußerst gefährlich sind, nämlich entweder in schlaffen Leichtsinn, oder in eine angstvolle Gemüthsunruhe gestürzt werde: desto heiliger wird ihm die Empfehlung und das ohnehin von Jesu befohlne Bekenntniß seiner Lehre. Er wundert sich, wie es möglich sey, sich an ihr zu stoßen, und würde sich es nicht erklären können, wenn nicht in der Auslegung der Christenthumslehre so viele Mißverständnisse und über ihre Anwendung so viele Mißbräuche unter den Christen selbst da wären. Doch mit allen Wahrheiten haben die christlichen dieß Schicksal gemein. Unbillig wäre es denn wohl, denen, die wegen der herrschenden Mißbräuche und Mißverständnisse die christliche Lehre verkennen und mit einem redlichen Herzen irren, ihr Versehen unglimpflich zuzurechnen, sie nicht bey ihren Verirrungen noch nach den Verdiensten, welche ihnen nicht abzusprechen sind, hochzuachten. Sollte das aber recht seyn, wenn man nicht gleich billig gegen die Vertheidiger des in der Kirche üblichen alten Lehrsystems ist, ihnen nicht das einmal, daß die ihnen werthen Lehrsätze, so wie sie sich dieselben vorstellen, und die Anwendung lehren, als vernunftmäßige und unschuldige Lehrsätze von ihnen gedacht werden, zutrauen will? Möchte man sich doch hierüber besser verständigen! Es würde sich finden, daß der allerphilosophischste Vernunftgebrauch, verbunden mit Wahrheits- und Tugendliebe, auf

der

der Seite der sogenannten Rechtgläubigen nicht weniger, als bey den Gegnern, in Uebung ist. Wendeten doch nur Letztere den Fleiß, welchen sie auf die Mißdeutung und Verunglimpfung der in einen polemischen Gesichtspunkt gebrachten Behauptungen verwenden, auf einen Versuch, dieselben so zu deuten, daß sie vernunftmäßig und unschuldig erscheinen! Des Streitens, ob nicht Vernunft und Schrift zusammen im Widerspruche stehen, würde bald weniger seyn.

Jeder folge seinem Gewissen! Nur verlange er nicht, daß denen zu gefallen, die im Christenthume außer der natürlichen Religion keine wahren Lehrsätze finden, die Andern, welche hierin durchaus nicht das eigentliche Christenthum wahrnehmen, ihren Namen, den sie bisher bloß wegen der der Lehre Jesu eigenthümlichen Wahrheiten im Gegensatze gegen die Naturalisten geführt haben, seiner sprachüblichen Deutung nach verlieren. Allzubedenklich ist die vorgeschlagene Namenveränderung, welche sich mit einer Umtaufung vergleichen läßt. Sie ist bedenklich und unbequem, weil sie, wie schon eingestanden wird, die Einführung eines ganz neuen Namens für uns alte und bis jetzt einzig sogenannte Christen, auch für die Naturalisten, wenn man nicht aus ihnen bloße Antiscripturarier machen will, eine noch zu suchende neue Erklärung ihres Namens nothwendig machen würde.

Man findet es anstößig, gewisse Getaufte, denen eben deswegen unter uns und auch vor dem Gerichte Gottes ihr Christenname, daß sie Schüler Jesu seyn

seyn sollten, unverletzt bleibt, in Ansehung ihrer Erkenntniß für das zu erklären, was sie geworden sind, nachdem sie dem Religionserkenntnisse nach, Naturalisten zu seyn, sich entschlossen. Hart will man das nennen, weil sie damit in eine gar zu unrühmliche Gesellschaft mit andern übel berüchtigten Naturalisten gebracht würden. Das, spricht man, haben sie nicht verdient; denn sie nennen doch Jesum den Stifter der christlichen Religion mit vieler Achtung, als den vornehmsten Lehrer der wahren, der natürlichen Religion. Sonderbar! Wann ehe haben wir Christen uns beschwert, daß man uns in der Gesellschaft vieler am Kopfe und Herzen unsäglich kranker Menschen Christen nennt? Mich deucht, wir hätten daran so unrecht gethan, als wenn es uns leid gewesen wäre, neben Menschen, die von der Menschheitswürde zur Thierheit herabgesunken sind, Menschen genannt zu werden. Mit einem Namen, der seinem Begriffe nach nicht schimpft, der Wahrheit gemäß genennt worden, ist keine Schande. Freylich giebt es Personen, denen der Schall Naturalist, wie ein Schimpfwort, klingt. Wenn aber ein Christ zu Constantinopel sich nicht gerne Christ nennen ließe: darf er es sich gelüsten lassen, dem Muselmann aus irgend einem Grunde anzumuthen: nenne mich Muselman? Und wir reden nicht von einer gemeinen Lebenssprache. Die Frage ist, mit welch' einem Namen gewisse Menschen, Lehrer besonders, ihrer Erkenntnißart nach hinfort in der Büchersprache der Gelehrten bezeichnet werden sollen? Wäre ich Natura-

des Christianismus vom Naturalismus.

turalist; ich hoffe, ich würde meines Namens, mit dem ein Mensch, welcher die natürliche Religion zur Seligkeit zureichend achtet, beschrieben wird, mich nicht schämen; und wenn man mich dabey verächtlich ansähe, so würde ich mir Mühe geben, so zu handeln, daß durch mich, so viel an mir ist, der verachtete Name in Ansehen gesetzt würde. So machten es vor Alters die Christen, und ihr Name, der im Anfange schimpfte, ist zu einem Ehrennamen geworden. Es hat aber allerdings keinen Anschein, daß die Naturalisten, so wie die Christen, viele Märtyrer haben werden. Selbst dieses scheint sich schon aufzuklären, daß sie unter sich allein nie eine lang bestehende zu der gemeinschaftlichen Uebung eines naturalistischen Gottesdienstes verbundene kirchliche Gesellschaft ausmachen werden. Jene, welche Lehrer unter ihnen seyn wollen, bedürfen es etwa zur Kirchenlehrerexistenz, daß man sie für Christen halte, damit die Anhänger ihrer Meinungen, denen sonst eine bindende Consistenz abgienge, durch Vermengung mit Christen etwas an einander gehalten werden. Es versteht sich übrigens, daß nichts dawider zu erinnern sey, wenn diejenigen, welche in ihrer Hochschätzung Jesu einem Rousseau gleich gesinnt sind, unter den Naturalisten einen eignen sie mit verdienter Ehre auszeichnenden Beynamen sich auswählen. Ist ihnen nicht schon der Name Rationalist gegeben? Man wird ihnen jeden andern, dem der Sprachgebrauch seine Sanction giebt, herzlich gern verwilligen. Nur daß uns Christen unser

Name

Name in seiner Deutung, auf die wir edel stolz sind, unverändert und unser Eigenthum bleibe! Nur daß uns nicht angesonnen werde, für uns einen neuen Zunamen, dessen wir unbedürftig sind, zu suchen!

Der vorgeschlagne, wunbergläubige Christen, ist gewiß, wo ich nicht sehr irre, der allerunschicklichste von allen, zu denen man sich verirren konnte. Denn es ist grundfalsch und erdichtet, daß wir Christen allesammt auf Wunderwerke (wie sehr man auch den Sinn dieses Wortes ampliire) unsern Glauben an die göttliche Sendung Jesu begründen. Bekanntlich sah Jesus selbst dieses ungern an seinen Jüngern. Joh. 14, 11. 10, 37. 38. 4, 48. Wir glauben die Wunderwerke Jesu und seiner Diener; wissen es, daß er sich damit, als einen Propheten, vor den Juden legitimirt habe. Aber in der Allgemeinheit bauen wir keinesweges unsern Glauben an ihn auf dieses und andre argumenta credibilitatis; geben es auch einem jeden frey, in welch' einem Sinne er die Concurrenz der Vorsehung bey diesen Werken nach seinem Gewissen deuten wolle, oder wie er sich diese Begebenheit zu erklären wisse. Selbst auf die Inspiration, wenn man etwa an sie allein bey dem wunderbaren Ursprung des Christenthums seine Gedanken richten wollte, findet das seine Anwendung.

Das Geständniß, welches jemand thut, daß der Stifter einer Schule der erste und vorzüglichste Lehrer der wissenschaftlichen Grundprincipien sey, denen er selbst beypflichtet, dieses soll, meint man, dem Sprachgebrauche nach des Christianismus vom Naturalismus.

nach uns verpflichten, ihn nach jenes Stifters Namen, als einen Schüler desselben, zu nennen. Und das wird auf diejenigen angewandt, welche Jesum für den ursprüglichen und vornehmsten Lehrer der wahren Religion, die ihnen aber blos die natürliche ist, halten; es nicht weniger gestehen, daß sie die Grundprincipien derselben (obige vier Sätze) durch ihn und seine Lehre erlernt haben; ihn indessen nicht für einen unmittelbar göttlichen, ihn für keinen solchen Lehrer erkennen, dessen Lehre durch Wunderthat Gottes eingeführt sey. Die Antwort wird nicht schwer seyn. Denn der allerherrschendste Sprachgebrauch ist allerdings, Schüler nach ihrem Lehrer, dem sie eifrig ergeben, dem sie übergeben worden sind, zu nennen; und wenn jemand auf hohen Schulen einen Lehrer vor allen andern in einer gewissen Wissenschaft hört, geneigt sogar ist, ihm alles auf sein Wort zu glauben, der wäre ein — ist oder — aner. Die Analogie dieses Sprachgebrauchs befolgen wir, und geben den Christennamen an alle, die zum Christenthum in der Christenheit eingeweiht sind. Wir werden uns freuen, wenn alle, die das Verdienst und die Ehre, als solche zu erscheinen, in Anspruch nehmen, durch ihr Vertrauen zu der Rede Jesu und seiner Jünger, durch Bibelforschung, durch fleißigen Kirchenbesuch u. s. w. aller Welt es zeigen: sie thun das wirklich, was sie als Glieder der Christenheit, berufen von der Vorsehung, thun sollen. Wer aber des αυτος εφα sich schämt, die Schrift am liebsten in polemischer Absicht, um κατ' ανθρωπον ἀνθρώπων zu disputiren, allegirt, des belobten Christenthumslehrers Aussprüche nur für eine subsidiarische Hülfe des Selbstdenkens annimmt, dabey sich verwahrt, nur dann werde er ihm trauen, wann, was er lehrt, auf dem Wege der Naturoffenbarung einzusehn ist; wer laut genug äußert, daß dasjenige, was in seiner Offenbarung der sich selbst gelassenen Vernunft nicht einleuchtet, entweder nur eine Anschmiegung an den Aberglauben seines Zeitalters, oder gar ein Irrthum, nur ein in seinen Tagen sehr verzeihlicher Irrthum sey: muß nicht der es sich selbst zuschreiben, wenn man ihn nach dem Sprachgebrauche richtet, ihn mit aller Achtung gegen seine Gelehrsamkeit und Redlichkeit, die er besitzt, in den Verdacht, daß er von Christo abgewichen sey, zieht? Auf das unverrücktefte werde dieser, der herrschendste Sprachgebrauch, wornach der Christenname zugesprochen wird, beybehalten! Es bleibe hiebey, wiewohl es unleugbar ist, daß die, nicht Jesuiten, sondern Christianer, genannten Verehrer Jesu ehe von der Unterscheidungslehre ihres Religionsglaubens, als von ihrer Aufmerksamkeit auf die Reden ihres angebeteten Erlösers, ihren Namen ursprünglich ableiten. Die Anhänger der apostolischen Lehre waren anfangs unter den Juden, als eine ihrer Secten, versteckt; und von der Zeit ihrer Vermehrung und Vermengung mit den gebornen Heiden an, als sie ihre von den Judensynagogen abgesonderten Synagogen öffentlich zu halten anfiengen, ward ihnen jener Name zu Theil, den sie hernach beybehielten. Ohne Zweifel

empfin-

des Christianismus vom Naturalismus. 47

empfingen sie ihn wegen der Hauptlehre, derenthalber die Absonderung geschehen war, und die den Inhalt ihrer ersten Synagogenpredigten vor den Ohren der Zuhörer ausmachte; der Satz war es: der Messias ist gekommen, Jesus der gekreuzigte und von den Todten erstandene ist Christus. Wenig indessen kann dieß alles jetzt in Betrachtung gezogen werden, da nicht über eine Benennung in Hinsicht auf Verpflichtungen zu einer gewissen Lehre, noch von einem Namen, den man wegen seiner Neigung und Bemühung etwas zu lernen empfängt, gefragt wird: sondern eine Gelehrtenfrage ist es, die aber das ganze christliche Publicum stark interessirt, ob die Anwendung eines feststehenden Begriffs und seines Zeichens auf ein gegebenes Factum einer bestimmten Erkenntnißart, ob die Versicherung, daß gewisse Naturalisten Christen seyn, recht= und pflichtmäßig sey. Hier wissen wir von dem angemeldeten Sprachgebrauche nichts; sondern er ist ein ganz anderer, und kein anderer darf gelten. Man urtheilt mit Vernunft von niemanden, daß er etwas sey, weil er es sagt; sondern das Recht der Vernunft ist, daß jeder prüfe, ob das wahr sey, was gesagt wird. Man nennt niemanden einen Spinozisten, von dem man es oft gehört hat, daß er es sich einbilde, er habe die Grundprincipien der spinozistischen Schule; sondern man untersucht, ob er diese Principien habe, welche nach unsern Einsichten dem geltenden Sprachgebrauche gemäß diese Schule specifice charakterisiren. Und hat er sie; so nennen wir ihn,

was

was er ist, ob er es gleich leugnet, daß er es sey; und bleiben dabey, wenn es gleich gewiß wäre, daß er des Spinoza Schriften nicht gelesen habe. Selbst die Gelehrten, die vor Spinoza lebten, müssen wir, wenn von einer bey Classificirung der philosophischen Erkenntnisse schon mit seinem Namen specifisch bezeichneten Erkenntnißart die Rede wäre, nach ihm benennen. Richtig ist es, daß im letztern Falle Abweichungen, die die charakteristischen Grundprincipien ungeändert lassen, nicht geachtet werden. Wenn man aber aus dem Systeme gewisser Schulen nur solche U n i v e r s a l s ä tz e vor den Augen hat, welche den andern specifisch Differenten-Schulen gleichfalls zuständig sind: so darf man ihn, der der einen wie der andern Schule noch mit gleichem Rechte angehörte, deswegen nie einer von beyden zuzählen; und noch weniger auf einen so unbedeutenden Anlaß den Antrag thun, daß ein specifischer Classificationsname zu einem generischen gemacht werde. Sollten Schulen oder Secten sich etwa nur durch eine sichere Manier charakterisiren: so muß bey der Namengebung selbst auf diese und auf sie ganz allein gesehen werden. Kein Kunstrichter rechnet einen Mahler zu der niederländischen Schule aus dem Grunde, daß er nach Kunstregeln, die allen Mahlerschulen guter Art gemein sind, arbeite. Die Anwendung auf die Naturalisten, ob sie wegen ihrer Religionsprincipien, die die natürliche mit jeder zweckmäßigen Religion gemein hat, für Christen zu achten seyn, auf ihr Wort, wir sind Christi Schüler,

dieß

dieß giebt sich nun von selbst; man müßte denn wider alle Evidenz des Augenscheins beym Blicke auf die christliche Lehre ihr alles Charakteristische, ihr ihren so distinctiven Charakter absprechen, der sie von allen denkbaren Religionen mit der privativ eigenthümlichen Grundwahrheit unterscheidet: **Jesus und kein anderer ist so, wie es in facto angegeben und von Gott angeordnet ist, Seligmacher des sündhaften Menschengeschlechts.**

Dieser Satz, der die christliche Religionserkenntniß charakterisirt, ist seiner möglichen Ausdehnung nach, die man ihm bey der Erforschung der Lehre Jesu geben kann, von einem unendlichen Umfang. Also kann das **Maximum** der christlichen Religionserkenntniß nicht angegeben werden. Es ist aber ein jeder nach dem Maaße seiner Einsichten befugt, über die Religionserkenntniß zu urtheilen, in wie ferne er ihr nach ein Christ sey, oder es nicht sey. Doch steht es ihm nicht zu, deswegen, weil seinem Bruder das höhere und weitere Maaß der Erkenntniß gebricht, ihn einen **Nichtchristen** der Erkenntniß nach zu nennen. Denn der Stufenunterschied gehört nicht in den Namenbegriff einer Sache. Nicht aus Connivenz, sondern von Rechtswegen, achten wir hierauf, wann unsre Augen auf die nach unsrer Ueberzeugung irrenden, sehr irrenden Religionsbrüder gerichtet sind. Längst ist daher unter uns ein gewisses **Minimum** der christlichen Religionseinsicht anerkannt, das wir, doch nur zum Maaßstabe der Beurtheilung des Christennamens, zu brauchen, gewohnt sind. Das Minimum der christlichen Religionserkenntniß ist die Ueberzeugung, **daß Jesus ein Lehrer von Gott gesandt ist.** Immittelst wegen der Täuschungen, die man in neuern Zeiten, um auch diesen zu einem matten Ausdruck zu machen, versucht hat, scheint es nöthig, unmittelbar anzufügen, daß der Ausdruck wenigstens so zu verstehn sey: **Jesus lehrt mit dem untrüglichen Ansehen Gottes.** Jesu Lehre ist wahr; ja wohl leidet diese Rede, die ihrem Sachwerthe nach oder objective nichts mehr noch weniger, als daß er der den Sündern auf der Erde gegebne Seligmacher sey, zu vernehmen giebt, noch eine unbeschreiblich mannichfaltige Auslegung. Das Geringste aber, wovon derjenige, in dessen Munde diese Rede kein Betrug ist, ausgegangen seyn muß, ist doch zuverläßigst, daß er **Jesum in seiner Lehre für einen Seligmacher halte,** dieser also, als einer untrüglich wahren Lehre, traue. Wie bestände sonst der Gedanke: das, was er gelehrt hat, wenn es auch nichts anders ist, macht mich, indem ich es lerne, und darnach mich halte, selig? Ist es ferner vorauszusetzen, daß Jesu Lehre ihrem specifischen Inhalte nach, und namentlich dieses, daß er die Sünder nach einem von ihm eröffneten Gnadenentschlusse Gottes selig mache, außerhalb den Gränzen der natürlichen Religionsgionswissenschaft liege, und dem selbstgelassenen Vernunftvermögen unerreichbar sey: so bleibt nichts übrig, als daß, wer im Ernste die Lehre Jesu nach ihrem objectiven Inhalte der specifischen Differenz nach in irgend einer Auslegung seiner Worte annimmt, ihm, was er gelehrt hat, auf sein Wort glaube. Um recht nachgiebig zu seyn, mag man es ausgesetzt seyn lassen, in welch' einem näher bestimmten Sinne man Jesum, ob man ihn in allem seinen Reden und Thun für gültig, oder nur in der Amtslehre, in der neuen Lehre, mit der er unsre Religionseinsichten bereichert hat, für einen mittelbar oder unmittelbar gesandten göttlichen Lehrer, der so oder anders seine Glaubwürdigkeit und Sendung bewiesen hat, oder noch beweiset, ansehe: Wenn nur das eine in den Vorstellungen, die man hat, unbeweglich fest steht, daß seine Worte wahrhaftig göttlich, durch göttliches Ansehen untrügliche Worte seyn; daß, was er lehrt, darum weil es von ihm kommt, wahr sey. Gleichgültig können uns alle jene Fragen von Jesu nicht seyn. Aber wenn doch nur das Letzte da ist: so ist das da, woraus sich jede andre Wahrheit, die noch mangelt, mit der Zeit hervorziehen läßt. Immer mag man es denn die christliche Erkenntniß in ihrem minimo, in ihrem Urkeime, der schon Erkenntniß ist, nennen.

Ja, glaubten auch das nur die Naturalisten, ohne noch das Wort von sich zu geben, daß die Aufstellung

Jesu, als eines Menschenerlösers, der Zweck seines Daseyns auf der Erde gewesen sey: ruhiger sähen wir an ihre Versuche, den specifischen Unterschied der natürlichen und christlichen Religion durch eine Herabsetzung Jesu in den Rang der naturalistischen Religionslehrer zu vernichten. Und ob wir gleich ihren Meinungen widerstreben müßten: so könnten wir denn doch eher gelten lassen, daß sie Christen mit uns zu heißen verdienen. Denn, so lang es unmöglich bleibt, dieses, daß Christus Jesus ein untrüglicher Lehrer sey, und seine Worte ein göttliches Ansehen haben, unter den im Gebiete der natürlichen Religion erweislichen Lehrsätzen aufzustellen: so lange wäre es Unrecht, diejenigen, die jene Meinung hätten, noch Naturalisten, wie jetzt das Wort genommen wird, zu nennen. Jesus selbst wäre nach der Annahme ein naturalistischer Lehrer gewesen. Sie aber, die ihn für ihren untrüglichen Lehrer ansähen, dem man auf seine Bescheinigung, was der natürlichen Religion angehörig sey, zuglauben müsse; sie, die so benkenden, gehörten nicht mehr zu dem Haufen derer, die dafür achten, daß die uns im jetzigen Zustande der Dinge erkennbaren, aus der vernünftigen Betrachtung der Naturgesetze uns erkennbaren Religionswahrheiten zur Seligkeit zureichen; sie geständen zu das Bedürfniß einer nähern Offenbarung Gottes, einer neuen dem menschlichen Geschlechte unentbehrlichen Wiederaufklärung der natür-

lichen

lichen Religionswahrheiten, und daß dieses Bedürfniß gestillt worden sey durch die Erweckung eines Mannes, der uns mit göttlichem Ansehen, ihm auf sein Wort zu glauben, verpflichtet, zu der Annahme dessen, was die Erkenntnißkräfte unsrer Vernunft übersteigt, uns verpflichtet, der denn damit auch schon für einen göttlichen Seligmacher des menschlichen Geschlechts verehrt werden müßte. Möchte man sich hierüber mit uns vereinigen! Unsre Klage hörte auf, daß man von der Gegenseite auf Sprachverwirrung ausgehe; die nähern Offenbarungen Gottes, unter denen die christliche im Gegensatze gegen die natürliche Religion rubricirt wird, ganz leugne; und eine nach hermeneutischen oder gesunden Vernunftregeln geübte exegetische Kunst unter den Mitteln, zur Wahrheit aus der heiligen Schrift zu kommen, nicht mehr gelten lassen wollen. Freylich wäre dann vieles noch auszugleichen, besonders über das Ansehen der Schriftsteller, welche die für untrüglich erkannte Lehre Jesu schriftlich aufgezeichnet haben. Aber es wäre doch wenigstens ein Berührungspunkt da, unter welchem sie, die das Christenthum zu einem Naturalismus revelatus machen, uns näher kämen. Daran fehlt es jetzt. Denn unser Erkenntnißprincip gilt ihnen nicht; ihr Princip gilt zwar unter uns, aber wir erklären es für unmöglich, die wesentlichen Lehren des Christenthums daraus zu folgern. Es bleibt uns keine andere

dere Annäherung übrig, als daß wir aus dem für uns beyderseits geltenden Princip der Erkenntniß das Bedürfniß der Unterscheidungslehren in unserm Glauben, und hernach eine --- Pflicht, sie zu glauben, erweislich machen. Noch ist vieles auf den Gebrauch dieses Mittels zu rechnen, welches mit einer Deducirung der Vernunftmäßigkeit unsrer Unterscheidungslehren nach einer philosophischen Behandlung derselben, so wie sie aus richtiger Exegese nur von Glaubenden entwickelt werden kann, sich Weg und Bahn öffnet. Sollte die Wahrheit nicht auch so ihre unwiderstehliche Kraft zeigen! Möchten die Zeiten kommen, da es heißt: jene sind von uns ausgegangen gewesen; aber sie sind wieder zu uns zurückgekehrt!

Druckfehler

Seite 5. Z. 7. umstempelten, l. umstempelte. 9. würde. l. wurde. 11. kommen, l. komme. 12. geschäftigte l. geschäftige. S. 13. Z. 15. hinter Leitung setze ein Koma. Seite 15. Z. 2. v. u. Sittenform l. Sittenreform S. 18. Z. 18. einer, l. reiner. S. 19. Z. 13. gelte, l. gölte. S. 20. Z. 15. anders gemacht, l. anders geläufig gemacht. S. 21. Z. 3. das, l. daß. 10. auf die innern, l. auf den innern. 22. Manichäern l. von Manichäern. S. 23. Z. 9. v. u. einige, l. eigene. S. 25. Z. 9. v. u. haben l. habe. S. 26. Z. 2. v. u. einsetzen, l. ansetzen. S. 28. Z. 13. v. u. dieß, l. dieß das. S. 32. Z. 9. gelehrt, l. gelehrt wird. S. 35. Z. 6. v. u. dieß wewige, l. dieß wenige. S. 36. Z. 6. v. u. der getroste, l. das getroste. S. 38. Z. 5. v. u. werde ich, l. würde ich. S. 39. Z. 3. uns Irrgänge, l. aus den Irrgängen. 4. worin l. worein. 16. strenge historicher l. strenger historischer. S. 42. Z. 10. v. u. worden, l. werden. S. 44. Z. 8. v. u. Begebenheit, l. Begebenheiten. S. 48. Z. 12 Differentens Schulen, l. differenten Schulen. S. 49. Z. 11. v. u. Religionserkenntniß, l. Religionserkenntniß Jedermanns. S. 51. Z. 10. gültig, l. göttlich. S. 53. Z. 17. wollen l. wolle.